Les Raisons pour voter Front National

Jacques de Ségonzac

ISBN : 978-0692876251

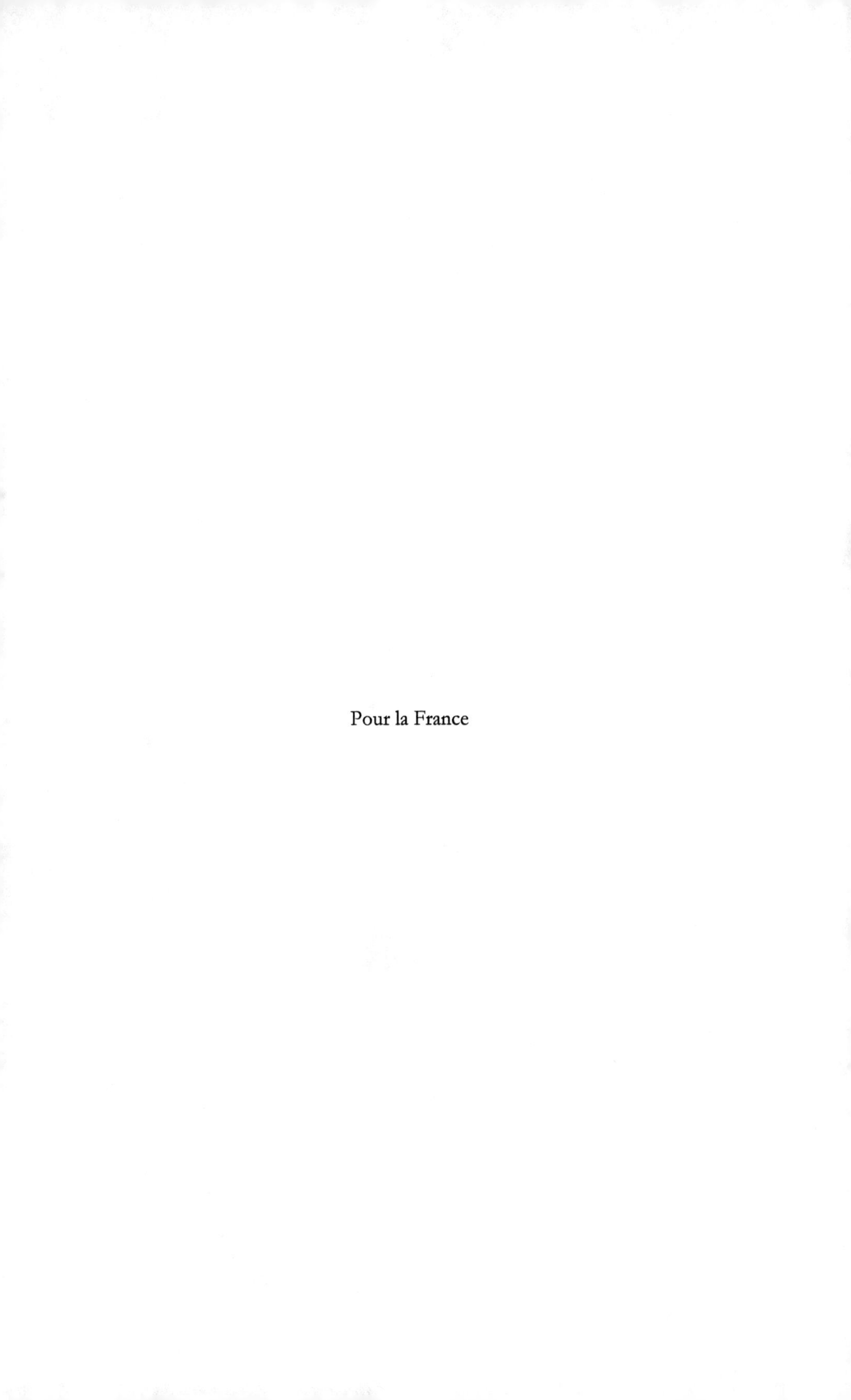

Pour la France

TABLE DES MATIÈRES

CHAPITRE 1

CHOMAGE

CHAPITRE 2

ENVIRONNEMENT

CHAPITRE 3

ENERGIE

CHAPITRE 4

JUSTICE

CHAPITRE 5

DEFENSE

CHAPITRE 6

INSECURITE

CHAPITRE 7

EDUCATION

CHAPITRE 8

POLITIQUE ETRANGERE

CHAPITRE 9

IMMIGRATION

CHAPITRE 10

IDENTITE

BIBLIOGRAPHIE

- Gilbert Cette, Jacques Barthélemy: Réformer le droit du travail (Odile Jacob)

- Pierre Noel Giraud: L'homme inutile (Odile Jacob)

- Philippe Escande et Sandrine Cassini: bienvenue dans le capitalisme 3.0 (Albin Michel)

- Anne-Caroline Paucot: 100 métiers de demain (éditions propulseurs)

- Pascal Canfin, Peter Staime: Climat, 30 questions pour comprendre (Les petits matins)

- Jean Marc Jancovici : Dormez tranquille jusqu'en 2100 (Odile Jacob)

- Christian de Perthuis, Raphael Trotignon : Le climat, à quel prix? (Odile Jacob)

- Mathieu Auzanneau: or noir (La découverte)

- Grady Klein et Yoram Bauman : Le changement climatique en BD (Eyrolles)

- Jean Baptiste Rudelle: On m'avait dit que c'était impossible (Stock)

- Julien Leclercq : Journal d'un salaud de patron (Fayard)

- Alessandro Giraudo: Quand le fer coûtait plus cher que l'or (Fayard)

- Mary Pilon: The monopolists, (Bloomsbury)

- Greg Steinmetz: The richest man who ever lived (Simon and Schuster)

- Nicolas Buat et John Law, La dette ou comment s'en débarrasser (Les belles lettres).

- Patrick Artus, Marie Paul Virard: croissance zéro, comment éviter le chaos (Fayard)

- Manuel Diaz: tous digitalisés (Dunod)

- Aristote, traité de la mémoire et de la réminiscence, Dumont, 1847, ou in Œuvres complètes, Flammarion, 2014, disponible sur Internet

- Henri Bergson, Matière et mémoire, (1896), Editions Flammarion, Coll. G-F, 2012.

- Descartes, Règles pour la direction de l'esprit, traduction et notes par Jacques Brunschwig, Paris, Librairie générale française, 2002

- Descartes, Lettre à Arnault du 29 juillet 1648.

- Jean-Paul Sartre, L'Imagination (1936), PUF, 2012, et L'Imaginaire (1940), Gallimard, Folio Essais, 1986

- Paul Ricoeur, La Mémoire, l'histoire, l'oubli, Editions du Seuil, 2000.

- Israël Rosenfield, L'invention de la mémoire (trad. A-S Cismareso), Flammarion, Paris, 1994.

- Alain Lieury, Psychologie de la mémoire : Histoire, théories, expériences, Dunod, Paris, 2005.

- Serge Brédard, Souvenirs oubliés, souvenirs récupérés et faux souvenirs, Solal, Marseille, DL 2004.

- Sigmund Freud, Mémoire, souvenirs, oublis., Ed. Payot, Col. Petite Bibliothèque Payot Psychanalyse, 2010.

- Milan Kundera, Le livre du rire et de l'oubli, Gallimard, 1979.

- Patrick Modiano, Dora Bruder, Poche 1999.

- George Orwell, 1984, Edition Folio, 1972.

- Proust, A la recherche du temps perdu, Collection Quarto Gallimard, 1999.

- Myriam Bienenstock, Devoir de mémoire ? : Les lois mémorielles et l'Histoire 2014, Collectif/Myriam Bienenstock (Auteur), Norbert Waszek (Collaborateur), Editions de l'Eclat, 2014.

- Alain Brossat, Brèves réflexions sur l'injonction au souvenir, site Internet de l'Institut français de l'éducation

- Robert Frank, La mémoire et l'histoire, IHTP CNRS,http://www.ihtp.cnrs.fr/spip.php%3Farticle233&lang=fr.html

-Ernst Sophie (Dir.), Quand les mémoires déstabilisent l'école, in Éducation, Histoire, Mémoire, 2008, INRP.

- Maurice Halbwachs, Les cadres sociaux de la mémoire (1925), Editions Albin Michel, La mémoire collective (1950), Editions Albin Michel, 1997.

- P. Hazan, La justice face à la guerre: De Nuremberg à la Haye, Editions Stock, 2000.

- Sébastien Ledoux, Le devoir de mémoire. Une formule et son histoire, CNRS Editions, 2016.

- Jacques Legoff, Histoire et mémoire, Editions Gallimard, 1988.

- Nietzsche, Considérations inactuelles. De l'utilité des inconvénients de l'histoire pour la vie (1874), in Oeuvres philosophiques complètes, Gallimard, 1990.

- Pierre Nora (sous la direction de), Les lieux de mémoire (1984-1992), Editions Quarto-Gallimard, 1997.

- Tzvetan Todorov, La mémoire devant l'histoire, Terrain, n°25 (septembre 1995), disponible sur Internet : http://terrain.revues.org/2854 Abus de mémoire, Ed. Arléa, 2015.

- Assemblée nationale (www.assemblee-nationale.fr), compte-rendu des débats de la commission d'enquête relative aux moyens mis en œuvre par l'État pour lutter contre le terrorisme depuis le 7 janvier 2015, 5 juillet 2016

- Robert Badinter : "Nous vivons dans une monocratie", in Télérama, 24 janvier 2009

- Cesare Beccaria, Des délits et des peines.

- Jérémie Bentham, Panoptique. Mémoire sur un nouveau principe pour construire des maisons d'inspection, et nommément des maisons de force (1787), imprimé par ordre de l'Assemblée nationale, Imprimerie nationale, 1791

- Beveridge, Rapport sur une organisation de sécurité sociale

- Michel Callon, Pierre Lascoumes, Yannick Barthe, Agir dans un monde incertain, Seuil, 2001

- Pierre Clastres, La société contre l'Etat, Les Editions de Minuit, 1974

- Mireille Delmas-Marty : « Le droit d'exception risque de devenir la règle » in Le Monde, 17 -novembre 2015

- Droitpublic.net, blog du professeur des Universités Pascal Jan
Europe parlementaire magazine, La Documentation parlementaire (www.documentationparlementaire.fr), numéros d'octobre-novembre-décembre 2015 et de janvier-février-mars 2016

- Hervé Fischer, La divergence du futur, p.210-211, VLB éditeur, 2015

- Michel Foucault, Surveiller et punir, Ed. Gallimard 1975, réédition en 2007

- Hegel, Phéménologie de l'esprit

- John H. Herz, Réalisme politique et idéalisme politique: une étude des théories et des réalités. Presses de l'Université de Chicago, 1951 (en anglais)
Gouvernement.fr : synthèse des politiques publiques (http://www.gouvernement.fr/action/plus-de-moyens-pour-la-securite)

- Thomas Hobbes, Léviathan. Traité de la matière, de la forme et du pouvoir de la république ecclésiastique et civile (1651), introduction, traduction et notes de François Tricaud, éditions Sirey, 1979

- Interieur.gouv.fr : Sécurité privée (http://www.interieur.gouv.fr/Le-ministere/Organisation/Delegation-aux-cooperations-de-securite/La-securite-privee)

- Justice.gouv.fr : Chiffres-clés sur les prisons (http://www.justice.gouv.fr/prison-et-reinsertion-10036/) et histoire (http://www.justice.gouv.fr/histoire-et-patrimoine-10050/histoire-des-prisons-12128/)

- Emmanuel Kant, Critique de la raison pratique

- ONU, La Charte des Nations unies (http://www.un.org/fr/charter-united-nations/)

- Karl Marx, Le Capital

- Montesquieu, De l'esprit des lois

- Nietzsche, Aurore (1881), traduction J. Hervier, Gallimard, 1970

- Pierre Rosanvallon, La crise de l'Etat-providence, Editions du Seuil, 1981-

- Jean-Jacques Rousseau, Le contrat social

- Sénat (www.senat.fr), commission des affaires étrangères, compte-rendu de l'audition de Michel Barnier, 1er juillet 2016

- Baruch Spinoza, Traité Théologico-politique, 1670, édition Garnier-Flammarion

- Vie-publique.fr : politique environnementale de l'UE (http://www.vie-publique.fr/decouverte-institutions/union-europeenne/action/politiques-communautaires/quelle-est-politique-environnementale-ue.html)

- Hubert Védrine, Le monde au défi, p.104-106, Fayard, 2016

- Kenneth Waltz, L'homme, l'Etat, la Guerre

- Max Weber, Le savant et le politique (1959), traduction par Julien Freund et introduction par Raymond Aron, 10-18, 1963

- René Remond - Introduction à l'histoire de notre temps
Tome 3 : Le XXème siècle de 1914 à nos jours
Paris, Seuil, collection Points Histoire

- Milza Pierre, Berstein Serge - Histoire du XXème siècle
Tome 1 : 1900 - 1945, la fin du monde européen
Tome 2 : 1945 - 1973, le monde entre guerre et paix
Tome 3 : 1973 - 1990, la fin du monde bipolaire
Tome 1,2 et 3 : 1900 - 1990, Histoire du XXème siècle
Paris, Hatier, collection Initial

- Bernard Droz, Anthony Rowley - Histoire générale du XXème siècle
Paris, Seuil, collection Points Histoire

- Françoise Berger, Gilles Ferragu - Le XX° siècle 1914-2001
Paris, Hachette supérieur

- Maurice Vaïsse - Histoire des relations internationales depuis 1945
Paris, A. Colin

- Jacques Dalloz - La France et le monde depuis 1945
Paris, A. Colin, collection Cursus

- René Remond, La vie politique en France, t. 1 (1789-1848), t.2 (1848-1878), t. 3 (1879-1939), Pocket-Agora, n°273/274/275

-Serge Berstein, Michel Winock, L'invention de la démocratie (1789-1914) et La République recommencée (de 1914 à nos jours), Seuil, coll. « Points-Histoire », n° 369 et 370

- Didier Cariou, La Méditerranée au XIe siècle, Paris, PUF, coll. « Que sais-je ? », n° 3299, 1998

- Michel Balard, La Méditerranée médiévale : espaces, itinéraires et comptoirs, Paris, Picard, 2006
Croisades et Orient latin, Paris, Armand Colin, coll. « U », 2010

- Philippe Jansen, NEF, A., Christophe Picard, C. La Méditerranée entre pays d'Islam et monde latin, milieu Xe-milieu XIIIe siècle, Paris, SEDES, 2000

- Jean-Michel David, La République romaine de la deuxième guerre punique à la bataille d'Actium, 218-31, Paris, Seuil, coll. « Points Seuil », nouvelle histoire de l'Antiquité, t. 7

- Patrick Le Roux, Le Haut-Empire romain d'Auguste aux Sévères, Paris, Seuil, coll. « Points Seuil », nouvelle histoire de l'Antiquité Autrement, 1996

- Jean-Luc Lamboley, Lexique d'histoire et de civilisation romaines, Ellipses, 1995.

- Louis-Marie Morfaux revu par J. Lefranc, Nouveau vocabulaire de la philosophie et des sciences humaines, éd. Armand Colin.

- Les mots de la philosophie, A. Lercher, éd. Belin.

- Vocabulaire européen des philosophies, éd. Seuil et Le Robert.

- Les notions philosophiques, Encyclopédie philosophique universelle, éd. P.U.F.

- Dictionnaire philosophique, A. Comte-Sponville, éd. P.U.F.

- Dictionnaire des citations philosophiques, éd. Larousse.

- Repères philosophiques, Jean-Michel Muglioni, éd. Ellipses.

- Patrick Dupouey, Choisir le mot juste, éd. Ellipses.

- Platon, Alcibiade, trad. J.-F. Pradeau, éd. G.F.

- Aristote, Les politiques, trad. J. Pellegrin, éd. G.F.

www.ingramcontent.com/pod-product-compliance
Lightning Source LLC
Chambersburg PA
CBHW050110280326
41933CB00010B/1041

* 9 7 8 0 6 9 2 8 7 6 2 5 1 *